THE LAW OF LOSING

それさえしなければ成功するのに……

失敗する人の法則

樽井 良和

Yoshikazu Tarui

PHP

はじめに

私はこれまで、選挙や仕事で全国を渡り歩き、数千人の人々と触れあってきました。

祇園や六本木といった繁華街から、「熊が出ます」という山奥まで、19回も様々な地域に引っ越して居を構え、新聞配達・居酒屋・ファミレス・運送会社などなど、様々な仕事を経験しました。さらに、テレビゲーム販売会社・漫画専門店・プロモーションビデオ制作会社からたこ焼き屋まで、起業し、経営してきました。

政治家としては、地方選挙の手伝いから、議員秘書、国政選挙、そして衆議院議員の経験があります。

このような経歴ですから、通常ではありえないほど多くの人々とつきあい、言葉を交わしてきました。ことに選挙関係では、友人・知人・応援団・団体や法人をはじめとして、老若男女、様々なクラスの様々なキャラクターと分け隔てなくおつきあいする機会がありました。

そのようにしておつきあいしているうちに、どういう人が成功するのか、どういう失敗のルーチンにはまっている人が浮きあがってこれないのか、どういう性格・生活・行動の人がどういう結果になるのかのパターンについて、自然とデータが蓄積してきます。

朝、にっちもさっちもいかずに困窮している方の相談を受けて、夜、今をときめく経営者や投資家、あるいは天才的なプログラマーと打ち合わせをする、という日々のなかでは、成功している人と失敗している人とのギャップが際立ってみえ、そこから、ある種の法則や定理が浮き彫りになってくるのです。

成功者には様々なケース、パターン、タイプがあります。堅実な人もいれば、ベンチャーな人もいます。

ところが、**失敗する人には、ある一定の思考・行動のパターンがあります**。

失敗している人には、成功者とほんのわずかな差しかない人もいます。

「**これさえなければ成功する**のに、惜しい！」

というタイプは意外と多いのです。

「頑張れ」「努力しろ」「あきらめるな」「前進あるのみ」の精神は、崇高《すうこう》ですが、継続するには相当なエネルギーが必要です。

本書では、一見消極的に思えるかもしれませんが、

「これはしないほうがいい」

「やめておくのがいい」

と、成功を阻害《そがい》し、失敗の要因になっている法則や定理を削るほうに注意を向けました。

いい線をいっているのに、この失敗の法則にはまっているばっかりに成功できない、というのはよくあることです。そのマイナス要因さえ取り除けば、失敗のパターンから抜け出して、着実に前進し、盛りあがっていきます。

経営・契約・人事・恋愛、すべてそうです。ちょっとした軽はずみな言動や、一瞬、不誠実な部分やみすぼらしい部分がみえてしまって、失敗したり、恋心が

冷めたりすることは多々あります。

誤りを正すだけで、失敗のルーチンから抜け出し、軌道修正できるのですから、ぜひとも抜け出してほしいと思います。

本書では、失敗のルーチンに陥っている人の言動・考え方などからパターンを抽出しました。

こうしてみると、みなさんにも、もちろん私にもあてはまっている「失敗の公式や定理」があることに気づきます。なかなかプレイヤーである本人にはわからないことも、岡目八目《おかめはちもく》で傍観者としてみると、明確にわかるのです。

また、本書には成功に向けて軌道修正するためのセオリーもちりばめてありますので、参考にしていただければと思います。

二〇〇八年一月

著者

目次

◆はじめに　3

目標と計画

1 目標も計画もない人　12
2 潜在的に望んでないことを目標に設定する人　16
3 目標・夢がコロコロ変わって、右往左往する人　21
4 「目標＞才能」OR「目標＜才能」な人　25
5 苦労、努力、頑張ること自体が目標になっている人　30
6 夢を実現するために遠まわりする人　35
∴やりたいことをすれば能力は発揮される　39

仕事

7 自分の不得手なこと、嫌いなことを稼業にする人　44
8 小さな仕事や問題を大きくする人　47
∴好きなことをして暮らすのは難しいが、嫌いなことをして生計を立てるほうがもっと難しい　50

経営

9 自分よりバカしか雇わない人〈ＭＡＸ自分の法則〉　54

10 ひとりで全部やって、任せることができない人 57
11 やたら有名になりたがる人 60
12 世間の先を走りすぎる人 63
13 酒の席でしか打ち合わせをしない人 66
14 アイディア・情報・プランは無料だと思っている人 69
15 時代錯誤を精神論でカバーする人 72
16 効率のみの人 75
17 わざわざ儲かっていることを吹聴《ふいちょう》する人 78
∴ 才能を集めて活かした経営者が勝利する 81

学習・トレーニング

18 勉強だけして働かない人 84
19 「生涯自分探し」な人 87
20 苦手分野を克服しようとする人 90
∴ ①自分の専門分野の、継続的な学習が必要だ 94
∴ ②35歳になってできないことは、できない 96

人づきあい

21 嫌なヤツとつきあう人 98

22 虚栄心を満たすために人づきあいする人 102
23 低レベルの集団に身をおく人 105
24 不義理な人 108
∴ 成功者は成功者とつきあう　失敗している人は失敗している人とつきあう 110

言葉・会話

25 口が悪い人 116
26 言葉・態度が人によって違う人 119
27 思ってもないことを言う人 121
28 不平不満、誹謗《ひぼう》中傷ばっかりの人 124
∴ 苦労人は苦労話をして喜んでいる？ 128

ふるまい・態度・性格

29 「何も信じない人」OR「何でも信じる人」 132
30 意気込みが過剰な人 135
31 絶望する人 138
32 ドグマに浸《ひた》っている人 140
33 嫉妬して妨害する人 142
34 不摂生《ふせっせい》を自慢する人 144

35 謙虚に引っ込みすぎる人 147
36 いい人すぎる人。無理して楽天的な人 149
37 みすぼらしい人 151
38 アンチメジャーな人 153
∴ 自分の思いと違う行動をすると、幸せがどんどん遠ざかる 156

健康

39 健康バカな人 160
40 生活のリズムがずれている人 163
∴ 意識しすぎ、量の過不足が不健康の原因 166

愛

41 感謝しない人 170
42 誰も愛さない人 172

◆おわりに 174

装幀●齋藤稔
本文イラスト●こばやしみなこ
組版●データクリップ

目標と計画

人生の序章において一番大事なのは、
「自分はどんな人になりたいのか?」
好きなことや向いている職業は何で、
どうやって生計を立てるのか。
ヴィジョンを描き、目標を定め、計画を練って行動する。
この序章、目標や計画をつくる段階で、失敗するパターンがある。

1 目標も計画もない人

ヴィジョンなき人生は、
まるで海図なきくらげの航海、
ランダムに牌を捨てる麻雀のような仕事っぷり。

目標も計画もない人がいる。
「やりたいこと？　んー？　……別に」
チンタラ、チンタラと生活して、まったく意欲を感じさせない。

『自分の好きなことを、何としてでも見つけることです』

スティーブ・ジョブズ

目標も計画もなく何かを成し遂《と》げる確率は、宝くじと同じだと考えていい。

成し遂げる目標がないと、欲やモチベーションも薄く、生命としてバイタリティーが欠如していて活力やオーラがなく、けだるい印象さえ与える。

忙しいとき、たまにボケ〜とすれば楽チンで、それもいいかと思える。けれども、忙しいときにみなぎる活力やエネルギーが、だらだらと怠惰な生活を繰り返しているうちに、みるみるフェイドアウトしてしまう。

目標や計画がないから、何をしたいのか方向性がわからない。人との交流や職務にも、集中する熱意に欠けて行きあたりばったり。意味が見出せず、だんだん何をするのもおっくうになってくる。

社会性がなくなっても、ひとりで楽しんでいるうちはまだいい。けれども、楽しむエネルギーすら薄れ、本人の精神と肉体が無気力状態に陥る可能性が高い。

目標や計画、やりたいこと、ワクワクすることがないと、エネルギーの消費が少ないと思うかもしれない。しかし、実は放電状態で、力のないバッテリーのような状態に陥る。自由すぎて何事も達成できない、物事が片付かない、物足りない精神状態になり、それがリアクションにも表れる。

何を聴いてもウザったらしく、「ハー」とか「ヘー」とか、力ないリアクションで、冗談を言っても薄ら笑いか、鼻であしらうばかりだ。

適当にオタク的な趣味でもあれば、それなりのスキルやボキャブラリーなど、学習効果もあるけれども、娯楽にさえ無気力になったらヤバい。ここまでくれば、フリーターのようにアルバイトをしても、自分のエネルギーがないからまわりのテンションが高く感じられて疎外感を持ち、協調性や働く意欲を失っていく。

元気や社交性を失い、人を寄せつけない無気力なマイナスオーラを出し、生活が収束していく前に、自分は何をしたいのか？　いま一度、自分の胸の内に問いかけ再考してほしい。

事実、大学生時代から何をしたいのかが明確な人と、まだ決まっていない人を追跡調査した結果、その成功の度合いに顕著な差があることがわかっている。

何かに向かって目標や計画を立て、集中し、成果をあげるほうが、充実感と爽快感があって、元気で楽しい人生が待っている。

好きなこと、やりたいことをみつけることこそ、人生の第一の課題だ。

楽しげで充実したヴィジョンと目標がなければ、何を行動に移していいのかすらわからず、お話にならない。

何が好きなことか？
何をやりたいのか？
やりたいことをなんとしてもみつけよう！
そして、行動指針になる明確なヴィジョンと目標を描こう。

② 潜在的に望んでないことを目標に設定する人

報われない、
報われても達成感のない努力、
そしてまた努力、のルーチン生活にはまる。

本当はなりたくもない目標を掲げて、日々努力する人がいる。
最もイタい目標は、本人が本当は望んでもない目標だ。
ただどんな目標でも持って生きればいい、というものではない。
達成できなくても、理想や崇高なモチベーションで、自ら夢みて目標を立て、医者や弁護士を目指して猛勉強したとしたら、それは無駄ではない。

甲子園を夢みて頑張ったことは、出場できなくても、グラウンドで鍛えた体と精神力、そこで培《つちか》われた友情や思い出が、その後の人生の財産になる。それはそれで意味がある。

ダメなのは、自分の魂の本筋から外れた、達成できたとしてもうれしくもない、充実感もない目標に向かって進むイタい目標設定だ。

それまでの努力や犠牲にした楽しみなどとの軋轢《あつれき》で、真面目な努力家がバーンアウトし、人生を棒に振る可能性すらはらんでいる。

例えば、本人は望んでもないし向いてもいないのに、親や知人が医者か弁護士になることをやたらと勧める。

「おい、おまえ医者になれ」

「弁護士になれ」

と、何度も言われるうちにその気になる。

「医者になるよ」

と言ったとき、両親に笑顔で誉めそやされたもんだから、得意げにその目標を決意する。

本人は、言ってはみたものの、それほど理数系の学科に強いわけでもなく、手術するシーンをみると「あんな器用なことできないや」と、胸の内ではわかっている。だから、外面では医者を目指しているようにみえても、本質的な意識や本心が実現を拒んでいる。

すると、学習効果もなく（潜在的に興味がなければ記憶に残りにくい）、なかなか結果を出すことができない。目標を達成しても、新たな不安材料につきまとわれる。

周囲にも言いふらしているし、まわりの期待も大きくなったとき、嫌な気持ちや予感を、自分をなんとか鼓舞してふりはらい、報われない、報われても達成感のない努力、そしてまた努力、のルーチン生活にはまる。真面目な人ほど引っ込みがつかない。

本当は文学的な才能のほうがあるのかもしれない。商才に恵まれているかもしれない。テニスをすれば世界的なプレーヤーになれたかもしれない。

別の才能を感じ、抱きながらも、引き返せず、結果を残すことなくドボン。

『医者は生活の安定を約束していた。しかし、僕は画を描きたかったのだ』

手塚治虫

自分の胸の内は、本心、直感に従えばわかるはず。

社会性、境遇など人それぞれで一概には言えないが、やはり自分のやりたいことと、ワクワクすることを目標に設定し目指すほうが、目指している間も充実した人生を送ることができる。

できると思ったことはできる。
できないと思ったことはできない。
人から押し付けられた目標を追うと
自分本来の幸せからどんどん遠ざかる。

③ 目標・夢がコロコロ変わって、右往左往する人

もし神様や守護霊がいたとして、
願い事をコロコロ変えられたら、
「いったいこいつは何をしたいのじゃ」と、
応援するのもあほらしくなるのではないだろうか？

目標や夢がコロコロと変わり、会うたびに違うことを言う人がいる。
自分探しをしているのか、単純なのか、自分の胸に従い修正するのはいいけれども、あまりに目標や夢をコロコロと変えて、結局達成できないばかりか、お調子者、詐欺師まがいの人間的に薄っぺらい人、という印象すら与えて信用を失墜

させてしまう。

この前、

「店をやりたい」

と言っていたかと思うと、テレビドラマの弁護士役の、事実からかけ離れたとっぴな仕事っぷりをみて、

「面白そう。弁護士って儲かるんでしょ？」

みたいなノリで弁護士を目指す、という感じで目標を設定する人だ。

ごく一部の活動や特異な人物だけをみて、

「テレビのバラエティー番組に出たいから弁護士になろうかなー」

なんて遠まわりな道を設定するし、

「ＩＴ社長になる」

とか、

「探偵が面白そうだ」

とか、

「アニメをつくる」

とか、その場そのときのドラマや流行にボールのように蹴られて、心も右往左往していたのでは何もできない。

本人はいろいろ取り組めて、能天気でそれなりに幸せかもしれないが、そのたびに聞かされる周囲や協力者、家族や関係者はたまらない。

『たいして力のない人でも、ひとつのことに全力でねばり強く取り組めば、大きな成果が得られる』

サミュエル・スマイルズ

目標達成のための手段や道を試行錯誤するのは大切なことだけれども、コロコロ変えていたら、もっともらしい話を聞かせるたびに「狼少年が来た」と思われるのがオチだ。
若いうちは面白がってくれて人づきあいもできるが、年を重ねてくるとサムい。いい年齢をして毎回夢や目標が違う人は、まともな人づきあいができず、同じような詐欺師まがいの人を引きつけて、失敗のルーチンにはまる。

『ゴミ収集人、モデル、たとえ何をやろうと問題ない。それが世界一ならば』
モハメド・アリ

今その目標に向かっていて充実感がなければ、もう一度自分の胸中に問いかけてみましょう。いったい、本当は何がしたいのだろうか？

④「目標＞才能」OR「目標＜才能」な人

得意分野は必ずあるはず。
まったく成果がなければ、趣味ならいいが、
どこかで時間を区切って、考えなおすことも必要だ。

才能やキャラクターとかけ離れた夢を実現するためにさまよう人たちがいる。心からあこがれている世界、一貫している目標。それでも、あまりにも自分の才能や得意分野、境遇からかけ離れた目標設定は考え物だ。

『人生は〝得手《えて》に帆あげて〟生きるのが最上だと信じている』

本田宗一郎

足りない才能だけれども磨けば光ると、口下手なのにアナウンサーになろうとしたり、魅力がないのに俳優を目指したり、文才がないのに小説家志望だとか……。

そのモチベーションも、「モテそう」とか「友達や好きな芸能人がその学科に入ったから」とか、副次的な果実を期待してのもの。やたらと単細胞的に、無頓着な目標設定する。

本人の能力と照らしあわせてかなり無謀な目標を掲げ、挑戦を繰り返すタイプだ。

自称作曲家、自称小説家……で、自称プロデューサーなどに詐欺まがいのお金をだましとられたりして破滅することも多い。

小柄なのに優勝したスポーツ選手の物語や、無一文から一代にして大企業を築きあげた偉人の話などをひっきりなしに引きあいに出して夢や目標を語る。語るのだが、語るだけで、自分の能力とはかけ離れ、まねるべき努力や行動ははしょっている人が多い。仮に同じような努力をしていても、それで結果がそれなら、なおのこと怪しい。

目標は大きければ大きいほど確かに面白いが、突然変異的な一発逆転よりも、その道に手ごたえを感じながら、もともと才能のある人がステップアップしていくほうが、圧倒的に達成の可能性は高い。

テレビなどで報道されたり、ノンフィクションの本に書かれたりしていることは目立つ。それらには感動物語が多い。そうでないと面白くないから、一発逆転の話をとりあげる。奇跡を選りすぐっているだけなのだ。

一発逆転したといっても、偶然やゼロからの大成功はまれで、実はもともと能力があったり、マイナーな分野ではそれなりの頭角を現していたということも多い。

誰にでも、得意分野は必ずあるはず。努力しても成果がまったくなければ、趣味ならともかく、生きていくためには考えなおす必要がある。

不得手なことの改善に、あまり時間を使ってはならない。自らの強みに集中すべきである。

『無能を並みの水準にするには、一流を超一流にするよりも、はるかに多くのエネルギーと努力を必要とする』

P・F・ドラッカー

また逆に、これほどの天賦《てんぷ》の才能を持っていながら、ここまでスキルを高めていながら、という、もったいない人も意外と多い。

競輪の選手を目指せばすぐにでもオリンピックでメダルを獲れそうな鋼の足をしているのに、「これからはコンピューターの時代だ」とプログラマーを目指して部屋にこもってカチャカチャカチャやる。

モデルもたじたじの魅力あふれる容姿で、何にでもなれそうなのに、地元のさえない男と結婚して、暇そうな実家の店でレジを打っていたり。東大卒で司法試験に受かった直後に、お笑い芸人になりたいとか……。

ほほえましいが、まったく自分の天賦の才能・能力を無視している。

謙虚な態度で暮らすことも大切だが、ありもしないことまで臆病に想定して、穏便でベタなことしかやらないのも、宝の持ち腐れでもったいない。

持って生まれた才能を発揮できる目標を掲げ、
社会で十分に発揮し活かしてほしい。

5 苦労、努力、頑張ること自体が目標になっている人

苦労と努力と頑張ること自体が目標になっている。今日も頑張った、明日も頑張るぞっ！　と、実行した内容よりも、頑張ることを誇張する。

目標達成へのステップを外し、苦労、努力、頑張ること自体が崇高な行為にすりかわる人がいる。

『勤勉だけが取り柄なら、蟻《あり》と変わるところがない。何のためにせっせと働くかが問題だ』

ヘンリー・デビッド・ソロー

昔と今では情報量が違う。刺激的なCMなどの映像コンテンツにより、誘惑が昔とは比べものにならないくらい増大している。気をつけなければ、自分の胸中のヴィジョンではなく、外で完成されているヴィジョンを取り込んで行動に向かう、ということになってしまう。

ドラマをみるたびに目標が二転三転する人がいる、と先に書いたが、なかでも、感動した映像は大きな力を持つ。そのドラマ性、根性と逆転の物語をなぞることが目標になる人がいる。

苦しみを乗り越え成功してヤッター！　っていうのは、映画でも小説でも、そのほうがドラマとしてカタルシスがあって面白いからそうなのであって、リアル社会で苦労に苦労を重ねている人は、頑張り屋だけれども、そのまま苦労に苦労を重ねて苦労重ねで終わる人が多い。

頼んでもいないのに勝手に苦労して健康を害したり、見返してやろうと刻苦勉励したり（巌窟王《がんくつおう》か?!）、挙句《あげく》の果てには、社会が認めてくれないのが悪いとか、面白くなくて不機嫌に人にあたり、破滅していく。

目標の達成に向けて苦労しているのではなく、その過程の苦労と努力と頑張ること自体が目標になっているタイプは、実際の目標達成に向けての作業と行動が不十分で、ほとんど前進しない。

そういうタイプの人の日記やブログをみると、今日も頑張った、明日も頑張るぞっ！　と、実行した内容よりも、頑張ることが誇張されている。

『面白がってやっているヤツと、苦労してやっているヤツと、どっちが勝つかな。やっぱりさ、面白がってやっているヤツにはかなわないんだよ』

青島幸男

昔の偉人の話や、不遇のなかから高い地位を勝ち取った物語から、努力すれば報われるとか、あきらめなければ最後は勝つ、ということのみを引きあいに出しては自分を鼓舞する。

しかし、おそらく、エジソンや本田宗一郎が頑張ったのは、本人がそれをするのが大好きで、夢中になってプラモデルを組み立てている子供みたいに、困難にぶちあたっても気力が充実していたからだ。自分本来の道を前に前進すると、無気力感や強制力は襲ってこない。

努力のための努力、頑張ること自体が目標にならないように。

役に立たないことをどれだけ頑張っても、消耗するだけで、お釈迦様のてのひらからちっとも出ていない。

がむしゃらに頑張るだけでなく、
達成するための効率的なステップを見極めて、
それを実現する具体的な施策を実行に移そう。

⑥ 夢を実現するために遠まわりする人

夢を実現するために、あるいは目的を遂げるために最短距離で直接向かえばいいのに、わざわざ事前準備に時間をかけたり、一拍おいたりする。

「将来はテレビタレント、映画監督もしたい」

などと言いながら、コンビニでバイトをしているフリーターがいる。テレビタレントになりたいから、今は演劇やってます。あるいは、プロダクションに籍はあるとか、オーディションに行っているならわからないでもないが、コンビニでフリーターをしているだけで、具体的な策を講じていない。

バイトからの帰りがけに映画をレンタルして毎日みている。作品には詳しくなるが、詳しいからといって「おい君、うちの映画に出演してみないか？」と帰りがけに声をかけられる可能性は限りなくゼロに近い。

『事実がわかっていなくとも前進することだ。やっている間に事実もわかってこよう』

ヘンリー・フォード

大学時代の親の仕送りがあった暇な4年間に何もせず、就職する間際《まぎわ》になって夢が捨てきれないとか言い出し、何年かぶらぶらしたりしてやりすごす。

やりたいのならやりたいで直接向かっていけばいいし、関係者と交流すればいいのに、いちいち間に何かを挟み込んだり、迂回《うかい》したりする。

目的を遂げるために最短距離で直接向かえばいいのに、わざわざ事前準備に時間をかけたり、一拍おいたりして、いつまでたっても第一歩を踏み出さない。

スキルを磨く面でも、まったく関係のない仕事で資金を集めるとか、第一人者に相談すればいいのに三流の人についてまわったり、小説家になりたければ小説をさっさと書けばいいのに書いていない。今文章の書き方を研究しているとか、構想を語る。

受験勉強を始める前に、勉強のやり方ばっかり勉強したり、政治家になりたければ選挙に出ればいいのに、本ばっかり読んで蔭《かげ》で熱弁したり……。

行動に一歩出ることなく、そのうち、徐々に自分の憧れの世界の評論家になってきて、あれやこれやとスターにケチでもつけるようになったら末期症状だ。

最終的にどうしても働かないとヤバくなっても、何日も就職情報を読んで時間をやりすごすだけだ。

『この道を行けばどうなるものか。危ぶむなかれ、危ぶめば道はなし。踏み出せばその一足が道となり、その一足が道となる。迷わず行けよ、行けば分かるさ』

一休 ＋ アントニオ猪木

人生にはそれほど時間がない、
やりたいことがあれば、最も効率のいい最短距離を進もう。
立ち止まらず、行動しながら考えよう。

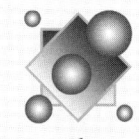

やりたいことをすれば能力は発揮される

社会や他人に押しつけられた目標を追いかけると、自分本来の幸せや充実感からどんどん遠ざかってしまう。

自分に向いていることは、本人は胸中ではっきりと認識している。目標を胸中とは違う方向に向けると、集中力が散漫になり、継続するにも忍耐が必要。我慢してやっていることは記憶に残らないし身につかないから、結果が出ない。それは努力が足りないからだと奮起して、やはりダメだったということになる。

また、成功するためにやりたいことを我慢する、欲しいものを我慢する、遊ばない、というのは、将来やりたいことをするために、今やりたいことを我慢する、将来欲しいものを手に入れるために、今欲しいものを買わない、将来遊んで暮らすために、今は遊ばない、という、将来のために今はあきらめる、というだけの話であって、60歳になってはじめて経済的にも時間にも自由になって旅行やデートをしても、20代の楽しさを味わえるとは思えない。

将来確実に成功すること、そして、成功すれば楽しい人生が待っていることが担保されるのでなければ、耐え忍んで暮らして面白くない人生を送って、一生を棒に振ることになる危険性をはらんでいる。


「アルバイトしながらひとり暮らし、さぞ楽しいだろうなー」

「大学に合格すればバラ色だ」

「あそこで働けたら俺全力で頑張るぞー!」

「あの人と結婚したらもう何もいらない」

……と、そのつどそのつど思って前進して、実現したあとどうだったろうか？

実現した瞬間は確かに感動ものだが、感動は一時的で継続しない。

頑張って、頑張って、次のステージにやっと進んでホッとしたら、また嫌な次のボスキャラと戦う、苦難のエンドレスゲームみたいな人生だ。

人生を最高に楽しく充実したものにするためには、その**ステージに上がる過程そのものが楽しく充実していなければならない**。

もっと心の声を聞こう。胸中に従おう。

願望は何か？

ワクワクすることはないか？

自分が最もやりたいことは何か？

もし、やりたいこと、好きな人がまだみつかっていない人は、全力で探そう。

そこに向かう過程自体が楽しく、能力も遺憾なく発揮される。

これが大切だ。

胸中に従って好きなことを目標に設定し、

目標に向かう過程自体も楽しく充実していること。

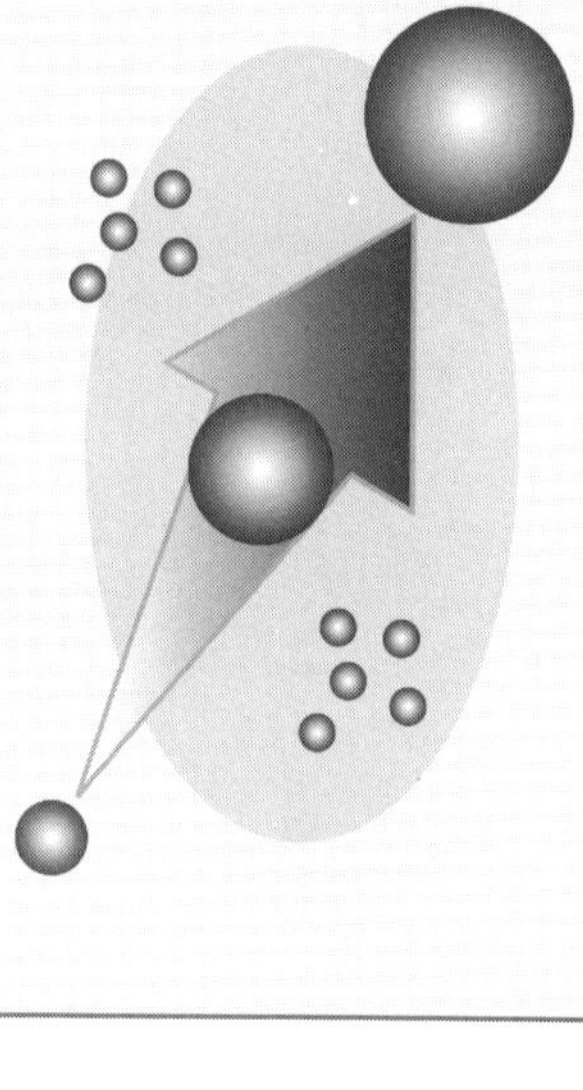

仕事

毎日8時間働く仕事、そのなかで失敗すれば、
生計や社会性、生きがいや、プライドにまで及んでくる。
なぜ、受験勉強を必死でした学生が、就職活動をいい加減にするのか？
なぜ、仕事はできるだけ手を抜くのか？
天職を探すこと、力いっぱい働くこと、
このことの重要性に気づかず失敗する人は多い。
働くとは、
人が動いて、傍《はた》を楽《らく》にすること。
まわりが、あなたがいてくれるおかげで楽になればOKだが、
まわりが迷惑するような仕事っぷりだと、追い出されるのがオチだ。

7 自分の不得手なこと、嫌いなことを稼業にする人

職業選択の自由が約束されている時代にわざわざ不向きな職業を選択して苦しむのはナンセンスの極み。40年も毎日、嫌いな仕事していると、さすがに腐る。

不得手なこと、嫌いなことを、平気で職業・仕事に選択する人がいる。嫌いなことが仕事だと、なにせ8時間も毎日嫌なことするのだから、これでは永遠に幸せになれない。

『不道徳の最たるものは、自分の知らない稼業をすることである』

ナポレオン・ボナパルト

初任給が2万円高いからといって、名の知れた会社だからといって、別に興味もなければやりたくもない職業を選択し、平気で就職する人がいる。

嫌いなことをしている限りは、熱意も出なければ上達もしない。仕事っぷりも大したことはないので、仲間にも上司にも見切りをつけられてしまう。

ストレスがたまって、夜飲みにいって部長の悪口でも言わなければおさまらない。

いや、居酒屋で毒をすべて吐き出して家に帰ってもむなしさは残るし、上司の耳にもまわりまわって入る。ろくなことにならない。

毎日8時間も嫌なことをして、毎日が嫌なルーチンなのだから、お酒を飲んだぐらいで気が晴れるわけもない。

休みを迎えても、月曜の朝を迎えることがおっくうで、仕事がプレッシャーになる。

好きなこと、得意なことを仕事にしていれば、飲みにいかなくても楽しいし、スキルも上達するし、やる気まんまんだ。会社ばかりか、世間が認める日も近い。また、世間がすぐに認めなくても、もともと好きなことをしているのだから、本人は楽しいのだ。自然と元気が出てきて魅力的なオーラを醸《かも》し出してくる。目は輝き、ブレイクの兆《きざ》しがみえて充実してくる。実績ができて能力が伸びて、他の会社も欲しがる人材になる。

石の上にも三年と言うけれども、
まったく合わない仕事をしている人は、
真剣に転職を考えたほうがいい。
会社にも、同僚にも、自分にも失礼だ。

8 小さな仕事や問題を大きくする人

自分から問題を大きくしたり、
新たにバカらしい仕事の創造主になってくださる
トラブルメーカー。

『賢人は難しい仕事を簡単にするが、愚人は簡単な仕事を難しくする』

価値の低い仕事でも、処理して片づいていくぶんにはいい。ところが、新たにバカらしい仕事の創造主になってくださる方がいる。

テキパキと処理すれば片づくものを、問題を大きくしたり、内容を把握していないため何度も注文しなおしたり、熱心に取り組んでいないぶん、全体の流れや目的を理解していないので、場違いな対応やミスを連発してしまう。

自分自身で問題や障壁をつくり、その後、その克服に労力を費やす。

水曜日までに連絡しますと自分で言っておきながら連絡を忘れてクレームが来て、お菓子を買って謝りに伺《うかが》う。電話1本ですむ用件を、夜の宴席をセットして大げさにする。

ダイレクトに連絡すればいいのに、よけいな勘繰《かんぐ》りをして、こんなことを頼むと失礼ではないだろうか、と相談に行く。口頭でひとりに伝えればすむことを、新たに送信票をデザインしてFAXしてくれたり、雛形があるのにオリジナルでショボい文章をつくったり、そのままでいいと言っているのに勝手に機械を調節して指を挟んで怪我したり……。

枚挙《まいきょ》に暇《いとま》がないのだが、勝手にどうでもいい仕事を大きくして取り組む人は、藁《わら》しべ長者の逆を走っているわけだから、最終的に消滅に向かってドボンだ。

責任を持って仕事に取り組むべき。
また、何でも大問題としてとらえるのはその人が小さいから。
もう少し自信を持って、堂々とふるまうべし。

ちょっとコピーしときました
多めにコピーしときました☆
リボンもつけときました♡

好きなことをして暮らすのは難しいが、嫌いなことをして生計を立てるほうがもっと難しい

好きなことを職業に選ぶ、これが肝《きも》だ。得手で旗をあげるかどうかで、人生は決まるといっても過言ではない。

能力・力なくして大きな成果は期待できない。

継続は力なりで、能力・力は継続して鍛え磨くことでプロフェッショナルにソフィスティケイトされる。

その継続は、好きでないとできない。

よって、好きなことを仕事・稼業に設定することで、専念し、能力を発揮し、発展、成功の道に向かうことができるのだ。

好きなことで成功したり、お金をもらったりすることは難しいように思える。
しかし、嫌いなことで成功したり、幸せになる可能性はゼロだ。

自分を理性で説得し、やりたくない仕事をして
幸せになったり、成功した人はいない。
自分の心に従って、好きなこと、得意なことをすれば、
自然と能力を発揮し社会に貢献できる。

経営

資本主義社会はビジネスで成り立っていて、
偉大な経営者が何人か出れば、
基幹産業を成り立たせ、
多くの製品やサービスを生み出し、雇用をもたらし、
直接的、間接的に国を活気づけ、栄えさせる。
だが経営者が破滅に向かっていては、
自分のみならずその会社で働く社員までも破滅に誘い込む。
経営者は責任を持って
破滅のパターンに陥ることなく的確な判断をしてほしい。

9 自分よりバカしか雇わない人
〈ＭＡＸ自分の法則〉

自分より劣るＢ級の人材を寄せ集めるなら、Ｂ級の社員は自分に従うＣ級の人材を寄せ集め、あっという間に無能のオンパレード会社になる。

『人は石垣、人は城』

武田信玄

人は石垣と言うだけあって、就業している人材の能力やモチベーションは会社経営の肝だ。

成功している経営者は、部分的にではあっても、自分より能力やスキルの高い人材を迎え入れて能力を引き出し、認め、任せようとする。

ところが、自分より能力がある人材は可愛くない、と寄せつけず、何でも「ごもっともです」と従うYESマン社員を引き連れて、親分気どりでいい気になる経営者がいる。

「イエッサー」でまわりを囲み、社長の判断がMAXの経営体制。

自分より劣るB級の人材を寄せ集め、そのB級の人材に任せようものなら、社長にならってB級の社員は自分に従うC級の人材を寄せ集める。あっという間に、無能の社員ばかりになる。

こうなれば、トップダウンでいちいち経営者が全部チェックしなければ立ちゆかない。個人経営の規模以上では、管理・維持するだけでアップアップだ。

社長の判断が正しいときはいいけれども、時代遅れになったとき、会社ごと衰退して破滅の道を突き進む。

有能の士を雇うためには、高い能力を持った人材に敬意を払い、それなりの報酬を与えたり、将来や夢を共有しなければ無理。
石垣である人がショボいと、会社はつぶれる。

給料を下げて、低予算で無能な人材を雇っても、会社の収益は上がらないことが多い。逆に、報奨金を用意してでも有能な人材を雇うと、思った以上に業績を上げてくれて、自分の給料以上の成果を会社にもたらす可能性が高い。サルを雇いたければピーナッツを与えればOKだが、サルを雇ってもどうしようもない。

経営者の大きな仕事は、能力のある人材を雇い
その能力を最大限発揮させることだ。
大成功する会社の経営者は
例外なく自分より能力のある人材を雇う。

⑩ ひとりで全部やって、任せることができない人

自分の守備範囲だけで成長がMAXになる。
跡継ぎが育たないから、社長がこけたらみなこける会社になって、自分の終わりが会社の終わり。

能力を持っている人を雇っても、任せることができない人がいる。飲み込みが早くても、才能があっても、関係ない。

有能な人材は自分の才能を活かせなければ嫌になって辞めるので、経営者に従うだけの無能な人材しか残らない。よって、無能な会社ができあがる。

その自覚がなければ、「自分がせっせと働いて会社を支えている。まわりが頼りないから」という話になって、自分の守備範囲（2〜3店舗とか）で成長がMAXになる。

また、潮時《しおどき》になっても跡継ぎがいない、社長がこけたらみなこける会社、ということが社会や投資家の間で周知の事実になったら、新たな投資対象としての評価や株の価格に影響が出てくる。

よほど能力があって決裁権をすべて掌握するリーダーであっても、自分以外でもできることは部下に任せ、部下を育てる姿勢が必要だ。でなければ、自分の終わりが会社の終わりという、無責任な落としどころで終了する。

『自分で仕事をするのではなく、仕事をさせる適材を見つけることが大切だ』

アンドリュー・カーネギー

優れたリーダーは、跡を継ぐ人を育て、
引き際もカッコよく決め、
次の始まりをつくる。

⑪ やたら有名になりたがる人

会社の経営そっちのけで
本を書いたり、ＣＤを出したり、
そのくせ経営にはワンマンだから質《たち》が悪い。

本業そっちのけで、自分の知名度を上げたり目立ったりすることばかり考えている、単なる目立ちたがり屋の人がいる。
広告塔をかねた名物社長として売上に貢献する姿勢は戦略的にＯＫだし、業績や実績を世間が自然と認めてくれればしめたものだが、事業よりも目立つことが優先だとイタい。

芸能人とか選挙とかでは至極当たり前なのだが、実績もなければ世間がみつけてくれる華やオーラもないのに、自分の会社や組織の広告塔気どりでしゃしゃり出てくる。

せっかく有名人を使ってポスターを制作しているのに、横に社長がしゃしゃり出ていたり、大した事業もしていないのに半生を描いた本を出版したり、下手をすると、おっさんが温泉で歌っているカラオケ程度の自分のCDを出したりして、まったく会社の経営に力が入らない。

優秀な専務にでも任せて経営は磐石《ばんじゃく》の態勢、ならいいのだが、こういう変な目立ちたがり屋に限って、自分にしか決裁権を持たせないワンマンだったりする。有名になったとしても、本筋から外れたえげつない路線で進むと、B級扱いされてマイナス要因。スキャンダルだけ前に出てポシャッたりする。

名があがれば効果絶大の時代だが、
無理やり目立とうとすると経営がおろそかになって、
時として見苦しい。

⑫ 世間の先を走りすぎる人

斬新《ざんしん》すぎるプロジェクトで、コストと労力がかさんで頓挫《とんざ》する。

かなり斬新！ 新しい技術で画期的。これを世に問えば、一躍大企業になることも、一攫《いっかく》千金も夢じゃない、と企画し事業に乗り出す。

ところが実際にやってみると、確かに説明すれば「なるほど」と相手をインスパイアして興味をそそるのだが、一向に投資家も動かず、銀行も興味深そうに聞くだけで手を貸さない。マスコミに訴えても、「へー」とにっこりして終わり。

一部の人は、その技術の素晴らしさや企画の壮大さを理解しているのだが、近所のオヤジ的な人に話しても、量子論の説明を聞いているみたいにトンチンカンな受け答え。

世間はアホだ、という結論のもと、事業への意欲も薄れ頓挫していく。ところが5～6年したら、自分が考えていた構想と似通ったプロジェクトを手がけて大成功する会社が現れたりする。

『ユーザーの半歩先を行く製品を用意しなければならない』

中鉢良治

結局のところ、斬新すぎる、時代の1歩も2歩も前を歩くプロジェクトは、マニアックなプロ向けになったり、コストがかかったりと、お金と労力を食うばっかりで、悲しいかな、頓挫することが多いのだ。

実際に商業ベースで利益が出るのは、
廉価《れんか》で制作できる環境が整い、
世間のレベルでその製品やプロジェクトを直感的に理解できる、
時代の半歩先を行く企業だ。

⑬ 酒の席でしか打ち合わせをしない人

アポを取るたびに夜の世界。
決裁を求めに行くと、うつろで何のことやらの
実りないエンドレスゲーム。

会議での話し合いなら、しっかりした社長室長や秘書・役員・企画担当者・渉外部の担当者なども一緒に聞いてくれるので話が続くのだが、質《たち》が悪いのは、アポを取るたびに夜の世界。酒を飲みながら、

「ヨーシわかった！ 仕事の話はここまで」

とか即決して、その後は接待もどき。決裁を求めに会社に行くと、からっきし

何の話だかうつろな社長。

酒を交わしながらだと、調子のいいことを大所高所から述べ、「よし、うまくいきそうだ」と思うのだが、会社に行くと妙に社会の常識や自分の立場などを考え、また疲れていて、話がこぢんまりとしてしまうか、初めて聞くような態度に変わっている。

『酒で決定した企画は、酒のように一晩で醒める』

もし、キャバレーでキャーキャー言いながら企画が決まったのなら決まったで、そんなバカが経営者の会社はあまり信用しないことだ。

夜の世界での打ち合わせは、
酔狂的で盛りあがるが実現する可能性が低い。
きっちりと決裁するためにも、
日中、アルコール抜きで文章をもって取り決めていくこと。

⑭ アイディア・情報・プランは無料だと思っている人

空間的に実体のあるものには出費を惜《お》しまないのだが、システムやビジネスモデル、プログラムといった4次元的な発想や知識にまったく敬意を表さない古いタイプ。

不動産や自動車・工場・商品在庫など、3次元、空間的に実体のあるものには出費を惜しまないのだが、システムやビジネスモデル、プログラムといった、時間をかけてつくった4次元的な資産・発想や知識にまったく敬意を表さない人がいる。

プランナーやコンサルタントなどを振りまわし、企画作成には時間と労力をかけさせながら、アイディアに対して評価が低い。

そういう態度を、知的所有権・コンテンツ・デザインなどを仕事にしている会社の経営者は敏感に察知するため、デザインセンス、eビジネスのチャンスなど、次のステップに結びつく多くのものを失いかねない。

流行・トレンドに乗っかって、浅はかな企画を立てるのもバカげているが、反対に、時代に即した新しいビジネスモデルやシステムの知識を積極的に投入する考えがなければ、時代遅れで業績不振を招く前に、引退を考えたほうがいい。

今や、会社のホームページ、社名ロゴやマークのデザイン、イメージカラーなどで売上や株価が変わる時代。デザイナーを社長の隣に座らせる時代なのだ。

新しい技術や時代を認識して、
制作に要した時間やコスト、
そのシステムやデザインの効果などを考え
適切に取り入れ評価するべき。

⑮ 時代錯誤を精神論でカバーする人

精神論・根性で経営する長老的な経営者。新しいビジネスのツールにも広告・宣伝手法にもわざわざ批判的な態度をとる。

やることなすことディテールにいたるまで時代錯誤的な経営をして、

「昔の会社や家の栄華《えいが》は、先代が寝食《しんしょく》を忘れて一生懸命汗水流したからだ。今の従業員はなってないっ！」

と、精神論・根性で経営する長老的な経営者も多い。

確かに精神論や道徳を重んじる姿勢は立派かもしれないが、別に顧客は根性で取引をするわけではない。

根性で突破するつもりだから、今どきホームページもなければ電子メールも設定していなかったりする。新しいビジネスのツールにも、広告・宣伝手法にも、わざわざ批判的な態度をとる。

古臭いから、若い先鋭的な人材は来ないし、来たところで受けつけない。シーラカンス経営でうまくいかないぶん、朝礼で社員をさらに精神論で鼓舞する、原始的な会社経営。実りない1日のスタート。

昔がよかったのは、昔はそのスタイルでも斬新だったりして、経営が成り立つ時代だったたから。また、そんな時代に自分たちも若くて元気だったたから。今の若者は、「今」元気なのだ。

新しい経営手法や技術も取り入れて変わらなければ、滅びていく。古い機械やパソコンを、ワインのように寝かせていてはだめだ。精神論による効率改善には限界がある。

精神力があるなら、新しいことを積極的に学び、新しいスキルを身につけた若者を誉《ほ》めて活かすところにも精神力を使ってみよう。

16 効率のみの人

日本風の挨拶や根回しをパッと省《はぶ》いて
スカッとした面もあるが、
いざ斜陽化すると、
経営者に愛情を持っている人がいないので、
一気に凋落《ちょうらく》する。

メールだけで緊急の大きなプロジェクトへの協力を要請してきて、こっちが連絡しても、わかったのかどうなのか、折り返し返事もなし。

出向くと、会議に呼び出しておきながら、社長は忙しいとばかりに、Tシャツ姿の代理の部下が書類を渡してパソコンをカチャカチャしながら説明して「よろしく」

企画書を持っていって説明に伺うと言うと、「ファイル、メールに添付してください。会社まで来なくていいですよ」

その後どうなったのか、結果報告はメールですらなし。頓挫したのかと忘れた頃に、新聞やテレビの報道でプロジェクトが完成したことを知る。

担当者に連絡したら、名前を言っても、自分が誰なのかを認識したかどうかさえ、まったくさえない怪しい対応。

社長と社員がコンパニオンと盛大に完成式典をやっているところを、たまたまテレビのニュースで傍観する。招待状に気づかなかったのか、と確認するが、やっぱりない。

あれはまるっきり俺のアイディアで、企画書もつくったのに……。そういえば、企画料を振り込むという話もない。

で、忘れた頃に、手伝うのが当然とばかりに、違う案件で平気で連絡してくる。

自分も周辺もプロジェクトから一切の無駄を省き、スピーディーに展開していく成果主義・拝金主義。いちいちお礼まわりをしたりお菓子を持って出向く日本風の挨拶や根回しをパッと省いてスカッとした面もあるのだが、いざ斜陽化すると、経営者にも会社にも愛情を持っている人がいないので、一気に凋落するケースが多い。

無駄を省く、効率に徹するというなら、いっそ社長の無駄な贅肉《ぜいにく》もそぎとれ！　って感じだ。

効率と自分勝手は違う。
企業は案外、人と人のつながりだったりするので、
いざというときに手を差し伸べてくれる信用や愛情が
強い力になる。

17 わざわざ儲かっていることを吹聴《ふいちょう》する人

軽率に「儲かってる」ことを吹聴してまわる。来るのは税務署と借金の申し込みだけ。

羽振りのよさを誉められて、聞いてもないのに得意げに「儲かってる」とクラブのホステスの前で吹聴し、税金対策のやり方まで自慢げにわざわざ教えてまわる。だから、誰かにねたまれたりチクられたりして、税務署に目をつけられるというオチ。

また、こういうタイプは普段いろんな社長と遊興し、武勇伝を共有して、本人は人望があると思い込んでいる。けれども、困ったときは「そんなことだろうと思った」と蔭で笑いの種になっておしまい。

不思議なくらい、これみよがしに売上を言ってみたりするのだが、本当は赤字という人が多い。その不安から逃れるために、大言壮語でごまかしている観さえある。

誰がみても、社長の虚栄心を満足させるための会社で、遊興費にお金を使ったあげく、社員のボーナスをケチったりしている。だから社員も、いざとなっても一丸《いちがん》とならない。

実際的な損害ばかりでなく、マネージメントするうえで士気にも影響を及ぼし、リーダーシップも失うことになる。

近年は世間の目が厳しいし、
儲かっていると面白くない人が、
あることないこと勘ぐってチクる。
口は災いのもと。
よけいなことを調子に乗って
外で言わないこと。

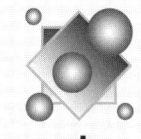

才能を集めて活かした経営者が勝利する

成功している会社には、強《こわ》オモテの敏腕で冷血な経営者もいれば、腰の低い心遣いの行き届いた思いやりに満ちた経営者もいる。豪傑もいれば、ひ弱な経営者もいて、本人の能力や性格はまちまちだ。

大きな成功者になる共通項は、自分よりも才能のある人間を雇い、その力を最大限に発揮させられるかどうかだ。

例えばカーネギーでも松下幸之助でもビル・ゲイツでも、本人はもとより、側近や社員には様々な才能を持っている人がいて、場合によっては経営者本人は動かずに、夢を共有した有能の士をうまく使っている。

大経営者とは、自分の得手・得意分野でワクワクする発想・ヴィジョンを描き、方向性を決め、才能ある士を結集して、能力を最大限に活かし発揮させる人かもしれない。

自分の得意分野でヴィジョンを描き、
自分より才能ある士をそこに結集し
能力を最大限に発揮させる。

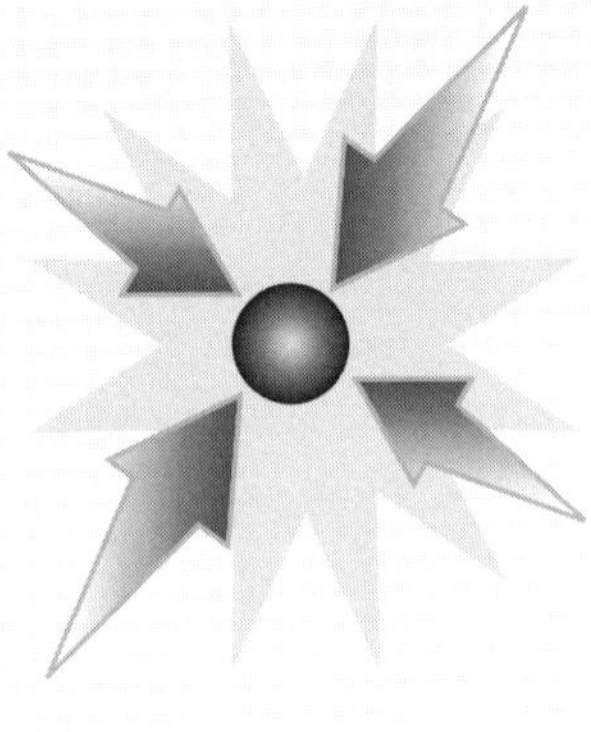

学習・トレーニング

学習やトレーニングをして、自分のタレントを磨くことは、
今後さらに大事になってくる。
何の特技もキャラクターもない人と
高い技術や知識を擁《よう》している人との格差は
今後ますます広がる。
魅力のない人、二流の仕事師は、瞬《また》く間に
安価な労働力を確保できる途上国にアウトソーシングされる。
学習とトレーニングを続けなければならない。
さもなければ死滅する。

18 勉強だけして働かない人

40歳を過ぎても仕事せずに勉強だけしている。その人が死んだら「よく勉強した人」とか墓標に書かれそうだ。

一流大学合格まで刻苦勉励したあげく、就職前に何をしたいのか決めていない。「就職先はどこでもいいや」と言う人がいるが、本末転倒もはなはだしい。いったい何のための勉強だったのか?

目的があっての勉強ではなく、テストのための勉強をしている。

学校の先生や塾や予備校の講師などになるのなら納得できるのだが、大学を出て、その後ニートなどというのは、ゆるキャラのアマアマだ。

また、いつまでたっても試験勉強している人がいる。

仕事に関する技術を身につけるとか、必要な資格試験でも受けると言うが、就職自体しない。大学の延長線上のような感覚で、大学院や留学やなんやかやと、論文を書いたりノートをとったりしているのだが、将来何をやるのか、何をつくりたいのかといったヴィジョンがない。

20代で様々な知識や知的生産力を磨いて就職してくれればいいのだが、30歳になっても、まかり間違えば40歳になっても、仕事せずに勉強している。

その人が死んだら「よく勉強した人」とか墓標に書きたくなる。

一般的に、他人に迷惑をかけているわけでもないけれども、親にしたら、いつまでも就職も結婚もせず、何やら難しい本を読んでいるだけでは物足りないし、本人にも最終的な落としどころがみえているのかどうかわからない。

新聞を読んで、もっともらしく日本や世界の未来を心配してくれたりもするが、
本当に心配なのは自分の未来だということに気づかないのか？

何かを成し遂げるために、
自分の能力を駆使して会社や社会に貢献するために、
勉強したことは活かしてほしい。

⑲「生涯自分探し」な人

自分探しをいつまでたってもやっている、煮え切らない人も多い。30歳を過ぎて自分探しだなんて、龍馬なら全部やって死んでいる頃だ。

実際、奇人変人の探究者には、世界を変える突拍子《とっぴょうし》もないアイディアを生み出し、起業し、システムを手がけ、後世で天才と呼ばれる人はいるのだが、まわりが理解できないから変わり者呼ばわりしていただけで、内面的には問題意識や疑問、最終的な明確な目標やヴィジョンがあったはずだ。

その目的とヴィジョンがわからずにさまよう、煮え切らない人が多い。

時として自分をみつける旅に出たり、読書にふけったり、時には留学したりするのだが、仕事をするわけでもなく、それを活かして何か発明したり開発したりするわけでもなく、思索にふけるために仏門に入るのでもなく、自称偉人で、社会からすれば毒にも屁《へ》にもならない人だ。

実践で得た知識は少なく、本人は画期的な企画や考案だと思っている案件でも、聞けばどこかの本の受け売りで稚拙《ちせつ》。お話にならない。

いつまでたっても自分探しなど、社会からしてみれば非生産的で、何にもならない。なのに質《たち》が悪いことに、ろくな働きをしないくせに、「知識やボキャブラリーが少ない」と働き者をバカにした態度をとる。鼻につくタイプも多い。

大学を出るまでが、何をしたいかみつけるタイムリミットではないだろうか？

先んずれば人を制す。
何をしたいのかみつけるのは、
早ければ早いほどいい。

⑳ 苦手分野を克服しようとする人

苦手なもの、下手なものが、一般的なレベルになったところで、仕事としても、社会的にも貢献はしない。

受験では苦手科目が足を引っ張るとなかなか合格が難しいので、補習を受けたり、努力して克服したりするのだが、社会に出ると、こういう努力はあまり実を結ばない。

特に30代も半ばを過ぎると、それまでにできなかったこと、苦手なことは、今後もほぼずっと苦手なのだ。

「いーや、努力して克服する」と言う人がいるかもしれないが、克服して何があるのか？

『強みの上に築け（Build on strength）』
あるいは『得手の上に自らを築け！（Build on your own strength）』

P・F・ドラッカー

得意なもの、個性がさらにレベルアップして、その卓越した部分で社会貢献し、その専門分野で力を発揮し役立つのならいいのだけれども、苦手なもの、下手なものが、一般的なレベルになったところで、仕事としても、社会的にも、貢献はしない。ただの自己満足の世界で、力を分散させ、戦略としてはまずい。

むしろ選択と集中。自分の好きなこと、秀《ひい》でた得意分野に目を向け、得意を超得意にしてスペシャリストになるほうが、どれだけプロフェッショナルとして貢献し、収益をもたらすかわからない。

人の評価、ことに仕事としての評価は、その人の得意なこと、担当している仕事においてどれだけのスペシャリストかで評価され、その卓越性が高ければ、欠点さえもおおい隠してくれる。

極端だが、素晴らしい野球選手に数学ができるかどうか、逆に、素晴らしい数学者が野球が下手かどうかは、できるに越したことはないけれども、ほとんど関係ない。

むしろ、どっちも凡庸《ぼんよう》で、野球も数学も普通だと、何に使っていいかわからない。

社会に出たら、苦手なことは得意な人に任せ、自分の得意な分野を磨き続けて貢献するほうが、結果として成功する確率が高い。

選択と集中。
自分の秀でた得意分野に目を向け、
得意を超得意にしてスペシャリストになるほうが
どれだけプロフェッショナルとして貢献し
収益をもたらすことだろう。

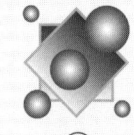

①自分の専門分野の、継続的な学習が必要だ

平均すると、会社の寿命のほうが生涯就業年数より短いから、単純に考えると、転職しなくとも1回は失業する計算になる。

そういうとき、自分の専門分野でプロ意識を発揮し継続していなければ、新しい就業先に売り込むスキルがない。

現在の社会のスピードのなかで、学生時代には猛勉強して、就職したらパタッとやめるという選択はおかしい。

また、若々しい発想が大きく活かせる職種が多いなか、学生時代は勉強だけというのももったいない。

『13歳のハローワーク』(村上龍、幻冬舎)ではないが、勉強と仕事をハーフ&ハーフでこなす体制のほうが時代に合っていると思う。

自分の専門分野のトレーニングを生涯学習として磨きをかけ有数のスペシャリストになる。

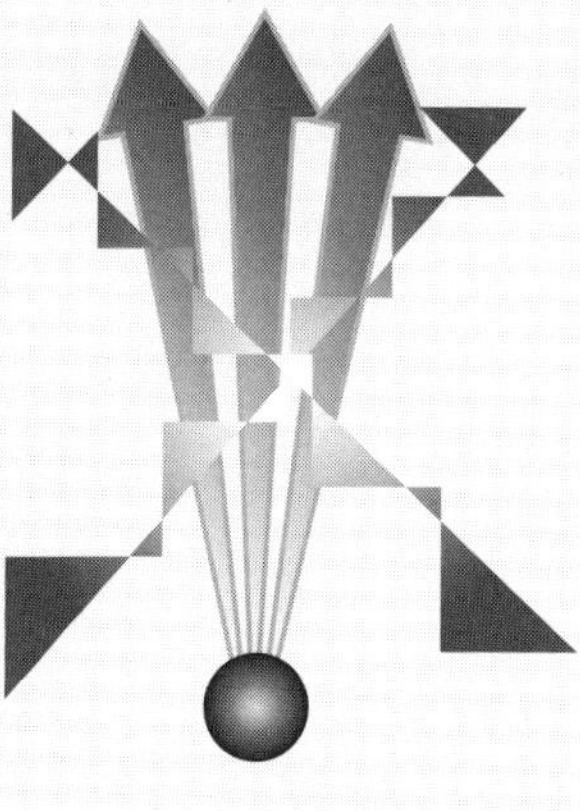

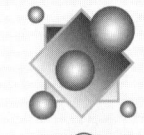

②35歳になってできないことは、できない

また、よく言われることだが、35歳くらいになって発露しなかった才能や能力は、ないと言ってほぼ間違いないだろう。

それまでにできなかったことをするよりも、そこまで築きあげた得意分野で一旗あげよう。今さら、突如、読んだこともない六法全書を読みまくるよりは、優秀な弁護士に電話を1本したほうが、圧倒的に適切な判断ができる。

自分にない才能や能力は
その道が自分の道ではないことを教えてくれる。
自分の道を歩むべき。

人づきあい

人づきあいは大切だ。
人と人とのつながりなくして、どんな事業も成り立たない。
私も職業柄、今までにつきあった人数はすごい。
そのなかでつくづく実感したのは、
助けてくれるのも人、足を引っ張るのも人、
チャンスをくれるのも、情報をもたらしてくれるのも人。
投票してくれるのも、あなたの会社の製品やサービスを購入するのも
クレームをつけるのも人だ。
人と人とのつながりが人生を左右する。

21 嫌なヤツとつきあう人

気が合わないなと思ったけれど無理してつきあったらいいことがあった、ということはない。

本屋に行けば、嫌な人と仲良くつきあう方法とか、みんなどこかいいところがあるはずだからお互いわかりあって生きていこう、という類《たぐい》の本が多い。
私も、別に嫌なヤツの人格を否定しているのではない。なぜなら、その嫌なヤツを愛する彼氏や彼女がいたり、雇っている会社があったりするのだから、存在価値は〝違う場所や境遇〟では成り立っているからだ。

たとえると、味噌《みそ》とケチャップ。どっちも必要。なくてはならない。味噌がなければ朝の味噌汁がない。ケチャップがなければオムライスに〝Ｌｏｖｅ〟とか書けない。

が、しかしである。

味噌汁にケチャップ入れようとしたら、思いっきり嫌がるはずだ。「やめてくれ！」と言う。

つまり、味噌とケチャップは〝合わない〟のだ。双方とも一緒にいればお互いの価値を下げてしまう。

人も〝合わない人〟には〝会わない〟。

一緒にいたら、どっちも自分の価値を下げてしまう。

距離をおいて、自分の知らない場所で勝手に力を発揮してもらう。無理して一緒にいたら、双方ともに価値が下がるうえ、精神的によろしくない。

仮に無理してつきあったりしても、もっと犬猿の仲になったり、溝が深まったり、努力の結果やっぱり無理だったりして、これほど不愉快でバカらしい時間はない。膨大な時間をドブに捨ててるだけだ。気分もよくない。

「○○さんって、本当に下品なのよ……」

とか、さんざん悪口を言っておいて、

「ちょっと○○さんと食事に行ってくる」

なんて……。嫌いな人をチョイスして、わざわざ会いにいく神経がいまだに理解できない。

頻繁に会う人はせいぜい数十人程度だが、わざわざそのなかに嫌な人を数人キープする必要があるのだろうか？

あなたと気が合う人が仮に50人に1人ぐらいでも、日本だけで260万人以上は気が合う人がいることになる。

付け加えると、たまに「こうしてつきあっておけば、困ったときに助けてくれるんですよ」と言う人もいるが、嫌なヤツが困ったときに助けてくれた経験は、いまだかつてない。

以心伝心。こっちが嫌いなら、向こうもこっちが嫌いなのだ。

合わない人とは会わないほうがいい。
ストレスが増えたり、時間を取られるだけ。
ただ、相手の人格は否定しない。
尊重するが、合わない人とはつきあわない。

22 虚栄心を満たすために人づきあいする人

絶えず自慢、誇示、俺はVIP。
この態度は、品格を下げたり、敬遠されたりする。

食事に誘われたり、飲みに誘われたりして出向くと、自分の自慢話を一方的に延々と話し続ける人がいる。酒が入れば、さらに火に油を注いだみたいに、歴史をさかのぼって何度も聞いた武勇伝が始まる。

忙しいとか、儲かっているとか、息子が学校で一番だとか、話題に事欠かないのだが、忙しいわりには、しょっちゅう自分をしつこく誘うし、儲かっているというわりには、ところどころ偽物くさいグッズやふるまいが見え隠れしたり、息子もその後、二流大学に入れるために怪しい口利《くちき》きの相談を持ってきたりして、辻褄《つじつま》が合わない。

またその人から誘いの電話があったり、スケジュール帳にその人が出てくると、

「また自慢話を聞かされるのかぁぁぁぁ」

という感じになって、徐々に鼻つまみ者になる。

実際に儲かっている人や活躍している人もいるのだが、それにしても、持っている指輪や時計の自慢や、生活習慣や人生観の自慢を聞かされるだけだと、感銘を受けるよりは、

「くれないのなら言うな」

とウザったくなってくる。

自慢してはいけない。
まして、まだ獲得してないことを自慢してはいけない。

23 低レベルの集団に身をおく人

釣り合いがとれていないとつきあいが窮屈なので、最後には釣り合いがとれる。社会レベルや収入はつきあっている人と似通ってくる。

個人の評価が一瞬で決まってしまうのが、どのグレードの人たちと一緒にいるかだ。

自分があまりにも低レベルのときは、高いレベルの人から「近寄るな」オーラを感じる。ＲＰＧでも、自分のレベルが低いと、高いステージはおろか、スライムしか寄りついてこない。

だから、日々自分を磨きながら、もっと素晴らしい人との交流をすることで、自分の社会的なグレードがかなり変わってくる。

そこに気づかなければ、延々と失敗した傷を舐《な》めあったり、不平不満をお互いぺちゃくちゃと話しながら、日の目をみることはない。

賢者はバカから学ぶというが、実社会ではバカから学ぶものはほとんどない。むしろ、同化してバカになるのがオチ。

釣り合いがとれていないとつきあいが窮屈なので、最後は釣り合いがとれてしまう。向上心やオーラ、考え方、スケールなど、すべてがお互いに共鳴してしまう。

太った親友ができると体重が増える確率が上がる。同じ部屋に住むルームメイトとは、生理的なリズムやしぐさまで似てくる。

収入も、つきあっている人と似通ってきて、その平均値に落ち着く。

積極的に
成功者、第一人者、勢いのある仲間のそばで学ぶべし。

㉔ 不義理な人

お礼も感謝もなく、義理も果たさなければ、孤立して、いざというときに誰も相手にしてくれなくなる。

昔は義理人情がもっと厚かった、と昔の方が言うように、ちょっとした連絡やちょっとした気づかいで義理を欠き、社会的な信用をなくす人が多い。

就職の世話をして、合格しても何の連絡もない。頼み事を聞いて、動いても御礼の言葉一つなく、案内状やメールを送ってもなしのつぶて。葬式や結婚式など、冠婚葬祭の出欠すら連絡がない。

手伝ってほしいときや、困ったことがあればしつこく連絡してくるものの、こっちのお願いは右から左へ受けながす。

そうこうしている間に、誰も相手にしなくなる。

社会的には、軽いつきあいと同時に、「あいつのためなら」とお金でも工面してくれるくらいのつきあいの人がいるかどうかも、大きなパワーの差になる。

ちょっとした手紙や連絡、声かけ、義理を果たすことでいざというときの人づきあいが成立する。

成功者は成功者とつきあう
失敗している人は失敗している人とつきあう

ひとつの箱に入れられて路上で売られているみかん。
百貨店できちんとした陳列で売られているみかん。
食べてみたら、どっちがどうということはないかもしれない。でも、百貨店できれいに陳列されているほうが、確実に高級にみえる。

人も同じで、本当は才能が同じ程度の人間でも、ごろつきのなかで一緒にたむろしている人と、第一人者が顔をそろえる会場に出席している人とでは、明らかにその品位が違うように外からはみえる。

またそのうちに、本当に朱《しゅ》に染まって赤くなる。自分の周囲を囲んでいる人たちと同程度になるから不思議だ。

最初は少し背伸びして、自分よりハイソで居心地が悪いパーティーでも、堂々としていると、そのうち気づいたときには打ち解けて同化している。

また情報も、成功している、さえている、ノッている人のなかにいると、有効な投資話・出資話や新技術、斬新な企画の提携など、建設的でしかも実行確率が高いものが入ってくる。

さえない集団に行くと、「あの店の天丼がうまい」とか「知ってる人がいかさまくさい商売でぼろ儲けしてる」とか「今度飲みに行くときに有名人を紹介してやる」とか言っておいて永遠に連絡なかったり、というのが多くて、建設的に前に進めないことがほとんど。

成功したい人の会がよくあるが、そんな会に出席してもほとんど成果はない。

なぜなら、成功したい人は〝したい〟人であって、今成功していない人だから、成功したいんだけどしていない波長を浴びまくって帰ることになるからだ。

波長が合うとか言って、類は友を呼ぶ現象がある。

人をだましてまでお金を儲けたい人には、人をだましてまでお金を儲けたい人が寄ってきて、自分もだまされてしまう。

ケチな人にはケチしか寄りつかないから、自分も与えないかわりに、周囲の人も自分に与えてくれないので、出さないけど、入ってもこない。

男を手玉《てだま》にとってお金を取っている女は、不思議なくらい男にだまされてスッテンテンになるものだし、調子こいた人には誠実な人は寄りつかない。

当然、人に与えるのが好きな人のところには、与えるのが好きな人がくる。

同じような波長を出す仲間同士は、歩き方・話し方まで似てくるから不思議だ。

人は、同じ波長の人をひきつける。
結局、人づきあいは自分の思いの鏡だ。

言葉・会話

初めに言葉ありき。
言葉なくして何かが前に進むことはない。
「好きだ、つきあって」と言わずに交際が始まるわけもないし、
大規模なプロジェクトも、言葉で説明されるところから始まる。

25 口が悪い人

汚い言葉で人をののしっていると
そのうち本当に根っこまで腐ってくるし
まともな人はつきあってくれなくなる。

誉められれば気分がいいし、ぶん殴られる前には、何かムカつく言葉を発しているものだ。

嫌なヤツとはつきあうな、と書いたが、本当にさんざん憎まれ口をたたいてきて、会うたびに不愉快きわまりないオッサン。そのオッサンとつきあっている奇《き》特《とく》な人が、よくこんなことを言う。

「あの人は口は悪いけど、根はいい人だからね」

様々な宗教でも言霊《ことだま》を大切にしているし、意思を伝えるために言葉を使っているんだから、口が悪い人＝悪い人なのだ。

暇人《ひまじん》じゃないんだから、利害関係もなく、その人が本当のやさしい根っこの部分を垣間《かいま》見せるまで、我慢してそばにいる意味はない。

おだてて調子に乗せても質《たち》が悪いし、怒ると逆恨《さかうら》みされて悪評立てられたりして、ろくなことがない。

また、言っているうちに、だんだんそうなってくるから、口癖で何を言っているかで人生が変わるという理論が成り立つ。汚い言葉で人をののしっていると、そのうち根っこまで腐ってくるし、まともな人はうわべでしかつきあわなくなる。

口が悪い人＝悪い人
なるべくきれいな言葉や積極的な口調で話そう。
そのうち本当にそうなる。

26 言葉・態度が人によって違う人

人によって態度や口調がコロコロ変わる人は裏表があるので、まともな人はほとんど信用しない。

相手によって、言葉づかいがコロコロ変わるタイプがいる。

こっちには丁寧な敬語を使ってくるのだが、従業員や、例えばウエイトレスに偉そうな態度と口調で命令する。

今の今まで穏《おだ》やかにやさしい口調で話していたのに、部下や家からかかってきた携帯電話をとると、乱暴な口調で対応して怒っている。

有権者にはやさしいのに、選挙区を出ると態度が豹変《ひょうへん》したり、議員には低姿勢なのに、格下の秘書や低姿勢で来ている役人には横柄《おうへい》な態度をとったり……。

人によって態度や口調がコロコロ変わる人は、まともな人からみると、裏表があるのでほとんど信用できない。いくら機嫌よくしているようにみせていても、自然に発露する一瞬の本心や真実は、見る人がみたらすぐにわかる。

人によって態度・言葉が違うと、まともな人が信用しないから、まともな仕事ができないようになるし、順当に出世すればいいが、今まで偉そうにしていた部下が先を越して出世したり、偉そうに命令していた人に頼まなければならないような立場に逆転したときには、サムい結果が待っている。

誰に対しても言葉づかいや態度を変えない。
そういう人は信用できる。

27

思ってもないことを言う人

相手の心に響かせるか、相手に訴えかけるには、自分が本当に胸の内でそう思っていたり、感じていることが前提になる。

『自分を本当に納得させることができれば、人を納得させることは簡単である』

利根川進

気持ちは伝わるというが、逆に、気のないことは言っても伝わらない。

相手の心に響かせるか、相手に訴えかけるには、自分が本当に胸の内でそう思っていたり、感じていることが前提になる。

理性で本心を抑えつけた鋳型《いがた》をつくって、型にはまった言葉を言うときは、オーラが全然ない。

人は、行動も言葉も、本心でないと魅力がなくなってしまう。

『他人を感動させようとするなら、まず自分が感動せねばならない』

J・F・ミレー

立場上、本当はそう思っていなくても、言わなくてはいけないこともある。あたりさわりがないように、問題発言をしないように、気をつけて話すのだけれども、そうすると、クレイマーがつけいる隙《すき》はどこにもないのだが、通り一遍《いっぺん》でまったく人をひきつける魅力がない。

評価が下がることもないが、妙に物足りない人になる。

立場や状況が許す限り
本当に思っていることを話そう。
取り繕《つくろ》うと薄っぺらな人間にみえる。

28 不平不満、誹謗《ひぼう》中傷ばっかりの人

不平不満、誹謗中傷ばかりしていると運が悪くなる。
不平不満を言いたくなる人生が展開し
誹謗中傷しないといけないレベルの人しか寄ってこない。

『非難される人が銅像になったことはしばしばあるが、非難するほうが銅像になったことはない』

何かにつけ、口を開けば不平不満、誹謗中傷ばっかりの人がいる。
「あんなやつが総理になったらおしまいだ」

「あのアイドル意地汚そうだ」

「この味噌汁マズい」

「出発が早すぎる」

「あの国民性が好かん」

「あいつは頭が悪すぎる」

「なんであんなブスをキャンペーンに使うんだ」

……などなど。


自分のことでひねくれているのならまだいいのだが、政治、社会、会社、仲間、あらゆる企画や、目につくもの耳に入るもの、何でもかんでも不平、不満、非難ばっかかり。何かケチをつけた言い方をしないと気がすまない。

たまには、楽しませてあげようかと、高級レストランにでも連れていこうものなら、この値段はボッタクリだとか、あのウエイトレスの訓練はなってないとか、やっぱり和食にすればよかったとか。横にいるだけで気分が悪いし、楽しい時間も台無しにする。

毒舌でも、聞いていて笑えるような面白さがあればいいのだが、マジな嫉妬や不満、怒りも見え隠れしてみじめったらしかったり、嫌味ったらしかったりもする。

そうですか、もっと不満が言いやすいように、お望みどおりの不運や不幸を連発させてしんぜよう、と神も見捨てそう。

この破壊的にネガティブなタイプといれば運が悪くなる。

こういう人は成功者を生理的に受けつけないから、同じような不平不満ばっかり言っている波長が合う仲間とつるんでパワーアップしてくる。

何か対案や自分の実績があればいいのだが、人のアラや問題を探しまわることばかりして、もっと新たな障害をみつけてやろうと身構えて、自分自身もまわりも不愉快な気分になって面白くないし、幕を閉じるまで、実際に何をやっても面白くない人生劇場になってしまう。

無理してでも、いいところを誉める習慣をつけよう。でないと、お望みどおり、不平を言いたくなる人生が待っている。

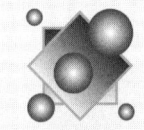

苦労人は苦労話をして喜んでいる？

苦労に苦労を重ねる人がいる。

とはいえ、そういう人たちをみると、やたらと苦労話が好きだ。テレビでも、苦労しているドキュメンタリーやドラマが好き。

朝から晩まで暗いニュースを何度もみて話題にする。

要するに、ヴィジョンも想念も苦労の映像と苦労のストーリーでいっぱいで、苦労を寄せつけるようにできているのではないだろうか？

楽しそうなことを本能的に避け、オイシい話を受けつけない。

また苦労話が板について、さらなる苦労をする。

何人もの苦労人と話すと、そんな気がする。

自分自身で問題や障害をつくって、
その克服で苦労する人がいる。
発端《ほったん》はネガティブな言葉や暗いヴィジョンであることに
気づいてほしい。

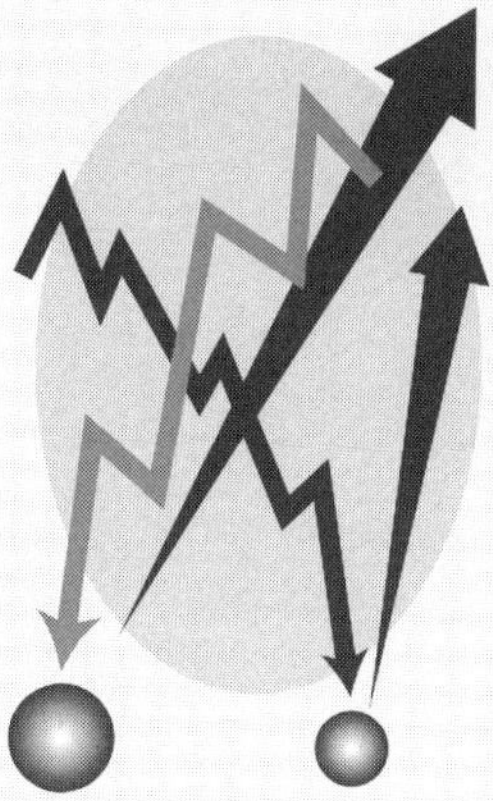

ふるまい・態度・性格

ふるまいや態度を甘くみてはいけない。
だいたい、社会的な地位や実質的な収益は人がどう評価してくれたかで決まってくる。
態度や、ふるまい、身なりがいい加減だから雇われなかった、
また、つきあってもらえなかったというケースは多い。

29 「何も信じない人」OR「何でも信じる人」

陳腐《ちんぷ》な現実以外何も信じない懐疑的な態度ではチャンスを逃す。何でも信じてすぐだまされる人は財産をなくす。

何かにつけ、すぐに不信感をあらわにする人がいる。

確かにだまされにくいという利点はあるが、「本当ですか？」「なんかなー」と煮え切らない。

人ばかりでなく、どんな新製品や技術をみても、懐疑的で、受け入れる姿勢がない。

実権や決裁権を握っているお偉いさんがいいようにしてやろうと話しているの

に、不審そうな態度をあからさまにとるし、どんなプロジェクトにも否定的な態度をとる。

何事にも否定的で信じないから、話も盛りあがらないし、上司や技術者、プランナーの出鼻をくじく。腹が立つわけではないが、いちいち面白くない。

また、信心深いのか、人がいいのか、単純なのか、すぐに何でも信用してだまされる人がいる。

運がよくなると言われては壺《つぼ》を買わされたり、血がサラサラになると言われては健康グッズを買わされたり、すぐに返すからと言われては保証人になったり。悪い人ではないのだけれど、あれほどニュースでやっていたサギと似ているのに、まんまと引っかかったりもする。

勧誘する人や営業マンの言いなりで、人を疑うことを知らずに信じてだまされる。

少しの損害ならまだしも、いかさまくさい話に、退職金やなけなしのお金を投資し、失うケースも多い。

人を信じ、大きなチャンスにめぐりあうこともあり、信じすぎて財産を失うこともある。

30 意気込みが過剰な人

あまりに強い意気込みやハイテンションで興奮気味だと、もらいが少ない。

自己実現の本や啓発本などでは、「絶対に、絶対に、絶対に成し遂げろ！」とか、苦難に打ち勝って、何度失敗しても最後まであきらめず……みたいな強い意志や願望を成功の秘訣《ひけつ》として前面に出す主張が多いが、はたしてそうだろうか？

『取引で絶対見せてはならない態度は、何が何でもこの取引を成立させたいという態度だ』

ドナルド・トランプ

今まで目標を達成してきた人たちを分析すると、それほど意気込んでいたり、やる気や衝動を前面に出すのではなく、当たり前のように仕事をこなしていく人のほうが多い。やたらめったら意気込みが強いと、逆に失敗する確率が高い。

例えば受験勉強でも、なんとしてもあの大学に合格するんだ！　一生がこの試験にかかってるぞ、なんて緊張感を持っていたりプレッシャーをかけていたりする受験生より、冷静に当たり前に受験している受験生のほうが合格していないだろうか。

もちろん、間の努力をはしょっているわけではないが、生涯をかけて立ち向かうより、まるで帰りがけにコンビニにでも寄ったぐらいの雰囲気でオーディションや面接に来るほうが、合格の可能性が不思議と高い。

考えてみれば秘書の面接でも、なんとしても雇ってほしいという態度よりも、普通にそつなく落ち着いている人を雇う。スターに面会するとか、大きなプロジェクトを実行するという場合、いちいち興奮してテンションが高いと、好感を持たれるよりも、その地位に見合う価値がないと思われて、もらいが少ない。

帰りがけにコンビニに寄るくらいのテンションで挑《いど》むほうが生涯をかけた意気込みで挑むより成功率が高い。

31 絶望する人

失敗したり、ダメだったりすると
すぐに絶望に身を任せ落ち込む。
励ましてくれるのを期待して、
抱き癖がついた子供のようにふるまう。

『絶望は愚者の結論である』
ベンジャミン・ディズレーリ

落ち込んでふにゃふにゃとしていれば、みんなが慰めてくれたり、励ましてくれるだろうと期待しているのか、抱き癖のついた子供のように甘えてくる。

若いうちは相手にしてくれるのでいいけれども、いい年齢をしてしょっちゅう落ち込んでいたら、だんだん慰めるほうも適当にあしらいたくなるし、まして、そんなメンタリティーでリーダーにはなれない。

また本人も、絶望癖がついてくると失敗癖もついてくるし、何もなくてもテンションが低く、いつでもちょっとした一言などのスイッチで絶望モードに落ち込む。

絶望に身を任せたら、自分こそが最大の敵となる。
つらいときも気持ちを切り替え
チャンスにするぐらいの気概が欲しい。

32 ドグマに浸《ひた》っている人

教条主義に陥り
他人の人生を歩む。

教条主義で、自ら実践して得た結論ではなく人の考えに信心深く従い、まったく融通《ゆうずう》の利かない人がいる。自分の思いや好奇心、そのときの状況などまったく考えず、他人がつくった教えに従順に従うだけ。

『人が自分で得られることを神に頼んだところで無駄である』

エピクロス

いつも同じ時間に寝て、同じ時間に起きて、同じような行動をするルーチンを堅持して、人生の楽しげな局面を体験するチャンスを逃したり、食わず嫌いでレパートリーや好奇心の乏《とぼ》しい人生を送る。

また、なぜそれに従わねばならないのかを考えることなく、どんな状況にでもあてはめるから好機を逃すことも多い。

たとえ自分がつくったとしても、何カ条あろうとも、どの機会や境遇にでもすべてあてはまるものはなく、まして他人に押しつけたり、違う人を非難するようになっては、社会や視界が狭くなる。

また、一貫していればともかく、時々教義を変える人もいる。

自分の人生は、自分の思いに従ったほうがうまくいく。他人の人生より、自分の人生を歩むべき。

33 嫉妬して妨害する人

他人を嫉妬する人は幸せにならない。なぜか知らないが幸せになれない。

自分がうまくいかないのは知ったことではないけれども、質《たち》が悪いのは、わざわざ人の成功や出世、幸せを妨害する人たちだ。出る杭《くい》は打てとばかりに、登り龍のときには必ずといっていいほど妨害する人が出現する。

よくテレビドラマで嫌味なヤツとか悪だくみするヤツとかをみて、実社会ではここまで意地の悪いヤツはいないだろうと思っていたのだが、ハズレ。事実は小説より奇なりで、実社会にはもっと汚い人がうようよしている。

嫉妬して、面白くなければ人を非難したり、作り話をしたり少しの失敗を誇張したりして評判を落としたりと、引きずりおろそうとする。

ある程度の地位にまで行くこともあるが、人を信用しないから、どの地位になろうが、どんなお金が入ってこようが、心中穏やかになることもなく、絶えず嫌味な人生を歩む。だから、結局幸せにならない。


本人が低次元なので幸せにならないのはかまわないが、嫉妬深い人とは、自分に火の粉がかからないように、なるべく距離をおこう。

㉞ 不《ふ》摂《せっ》生《せい》を自慢する人

しばいた、パクった、ワルだったと、喧嘩や不摂生、ムチャ、バカな行為をしたことを誇示する。

「明け方まで飲んでて、今日はもうボロボロ」
とか、
「沖縄に行って、ムカつくアメリカ兵しばいたった」
とか、
「寒いから布団にお湯かけた」
とか、やたら喧嘩や不摂生、ムチャ、バカな行為をしたと誇示するタイプがいる。

オーバーに聞こえるし、ホラ吹きにもみえる。仮に本当だとしても、感心できる内容ではない。

感心したり感銘を受けたりする人がいたとしても、そういう人もバカに限定されているから、バカがそのバカを雪だるま式に囲って、さらにその狂言と虚言に負けじとさらなる不摂生をわざわざ蒸し返し繰り返し、不摂生を自慢とするような生活を送る。

実際はそこまでやっていないのかもしれないし、やっているのかもしれない。真実はわからないが、このタイプが大成《たいせい》したり、大きな事業を成し遂げたり、幸せな家庭を築いたりするのが難しいのは真実だ。

たまに、一時、大物になる人がいるが、不思議と2~3年で不正を働いて逮捕されて、テレビに映っている。

できる人は、つい盛りあがって遅くまで飲んでいたとしても、
しんどそうな顔をせず、
いつもどおり仕事をテキパキとこなす。

35 謙虚に引っ込みすぎる人

何か確信を持っている意見やヴィジョンがあるなら、公然と意見しなければならない。自分の出世や名誉ばかりか、世のため人のためにもならない。

やたら引っ込み思案で、そのことについては自分が一番詳しかったり得意だったりすることでも、目立つこと、しゃしゃり出ることが下品だと感じているのか、気が弱いからなのか、黙っているタイプがいる。謙虚すぎるのだ。

日頃から興味を持ち、専門分野を持ち、また特殊な才能を持っているのなら、何か意見やヴィジョンがあれば、前面に出さなければならない。出さないでいると、自分の出世や名誉ばかりか、世のため人のためにもなっていない。

黙っているのなら、いっそのことずっと黙っていたらいいのに、会議が終わって外に出ると、「さっきのアイディアは実はもうマイクロソフトが着手してるよ」などと決定的なことを、個人的に少し心を許している同僚に、蚊の鳴くような声で訴える。

だったら、会議中に発言してくれ！

自分の専門分野や確信を持っていることがあれば堂々と意見を出そう。

36 いい人すぎる人。無理して楽天的な人

明るさが意図的でわざとらしく、空気が読めない。虚言に近くなると奇異で、ろくな仕事やつきあいができなくなる。

今までみてきて、本当の意味で幸せな人や成功している人は、やはり楽観的な人に多い。

しかし、根が楽観的な人はいいけれども、度を超えてマニュアルチックな楽観性を維持しようと躍起になるタイプの人がいて、明るさが意図的でわざとらしく、

空気すら読めない程度にまでいき、虚言に近くなってくる。そうなると、それはそれで奇異で、ろくな仕事やつきあいができなくなる。

また、感謝することは大切だけれども、本心からならいいが、取ってつけたようにする。マニュアルチックになってくると、何を食べても「おいし～い」とか、あからさまに怪しい人にも「お会いできてうれしい」とか言って話を聞いてあげたりするから、いろいろと無駄なつきあいやうっとうしい頼まれ事も多くなってくる。

いい人すぎると、わざとらしくなったり、それにつけ込まれて無駄な頼まれ事やつきあいが増える。時には自分を大事にし、自分の都合も優先しよう。

37 みすぼらしい人

最低限の清潔感がなければ、
あるいはきちんとした身なりをしていなければ、
雇い入れたり一緒に仕事したり、
つきあったりしようと思わない。

陳情などのとき、ボロボロの格好で、風呂に入った形跡がないソバプン（ソバによればプンと臭う）状態で頼み事に来る人がいる。

服や風呂の費用が捻出《ねんしゅつ》できないくらい困っているのかと思いきや、パチンコで勝ったからちょっと行ってきたとか、小指を立ててほくそえんだりする。

面接時に、ジーパンとよれよれのシャツにサンダルで事務所に来て、「秘書になりたいんです」とか、思いを熱く訴える。

何かを主張する前に、清潔感とか礼儀正しい服装とかが必要だ。

スーツでモノを聞いたり頼んだりすると、教えてくれたり、やってくれたりする率が上がるという実験がある。カジュアルでもおしゃれにコーディネートされていればいいが、せめて清潔感がなければ、あるいはきちんとした身なりをしていなければ、一緒に仕事しようとは思われない。

同じプレゼントや贈り物でも、
箱と包装紙がおしゃれだと引き立ってみえる。
人も同じ。
きっちりとした身なりと清潔感で引き立ってみえるのです。

38 アンチメジャーな人

マイナーなものばかり、人気のないものばかり愛するフリをしていると、自分自身が人気のない雰囲気になってくる。

流行のもの、人気作品、英雄やスーパースターなどを、ことごとく非難する、あるいは興味を示さない態度。みんながあこがれたり好きになるものと一線を画すタイプがいる。

本当にそう思っているのならいいのだが、人と同じが嫌なのか、わざとらしくアンチメジャーで、面白いものを評価しない。

『インディ・ジョーンズ』や『タイタニック』『ダイ・ハード』など、誰もが知っている映画に否定的で難癖をつけ、よほどのフリークでも知らないようなフランス映画を絶賛したり、ベッカムやロナウジーニョよりも、誰も知らないサッカー選手が素晴らしいと言って絶賛する。

で、その映画がどんなに素晴らしいのか、どうにか探してみてみたら、ヘンテコリンなC級映画で、実にしょうもない。

マイナーなものばかり、人気のないものばかり愛するフリをしていると、自分自身が人気のない雰囲気になってくる。

人と違う個性があるのならいいが、人が誉めればとにかく反対する天邪鬼《あまのじゃく》。野党じゃないんだから、文句言えばいいってもんじゃない。

また、こういうタイプの人は着ているものや態度とかもヘンテコリンで、実績があれば天才肌なのだけれども皆無《かいむ》。なのに大スターや監督を非難するもんだから、「お前ごときがなんぼのもんじゃい」という気持ちが周囲の胸の内に湧き起こって、まともな人からはアウト・オブ・眼中。離れていってしまう。

信じてついてくる友達も、たいがいヘンテコリンだ。

売れているもの、流行のものには本質的にいいところ、売れるオーラがある。そのオーラに素直に触れているほうが自分も人気者になる確率が高い。

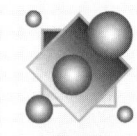

自分の思いと違う行動をすると、幸せがどんどん遠ざかる

自分自身の人生のラインで生きていくと、気力が充実して、最小限の障害にしか遭遇しない。

どの性格、どの行動というよりは、本心と理性が一致した行動やふるまいをしているほど、説得力があり、オーラを放ち、スター性があって、魅力的であることを実感する。

自分で考えることを放棄して、人の人生の結論や教条にひたったり、絶望に身を任せて無気力に陥ったり、厭世《えんせい》的な態度をとったりするのは、自分を捨てて周囲にあわせ、理性の力で自分自身を納得させ、感情と戦いながら他人の思考結果に従って生きてきたことの結果のように思える。

自分の欲しいものは自分にしかわからない。自分が本当にしたいことも、自分にしかわからない。

自分が似合うと思わない服装でいるとなんだか惨《みじ》めな気がするし、物まね芸人ならともかく、行動やふるまいを人まねして歴史に名をはせた偉人は、ほとんどいない。

自らの正直な思いを強制力で抑えつける人生は、無難だと感じるが、隷属《れいぞく》的で、幸せの本筋からかけ離れた人生を送る危険性をはらんでいる。

自分の本心・思いと理性が違う方向に向いていると無気力で、テンションも不自然になる。自分らしい生き方、ファッション、ふるまいがベスト。

健康

何をするにも資本になる健康。
不健康な生活を繰り返し
体を壊したり精神的につらくなったりして
つぶれる人が多い。

39 健康バカな人

健康のためなら死んでもいい。
健康になって何かをするのではなく、
健康がすべての目的になっている。

不摂生はダメだが、度を越えて健康に神経質なのもいけない。

毎日、話す内容は健康法のこと。アミノ酸やビタミンのサプリなどを常時携帯して飲む。健康に関する番組や雑誌にやたら食いつき、情報を得て、朝から晩まで健康に関する取り組みと、健康に関する話題ばかり。健康のためなら死んでもいい、っていう感じの人たちだ。

隠居して不摂生を反省し、元気を取りもどそうとしたり、健康グッズの販売会社とかで勤務しているのならうなずけるが、別段そういうことでもない。

健康な体を維持し、仕事や勉強に全力投球するのならいいけれども、仕事や勉強をないがしろにして、「健康、健康」「健康が一番」と、時間と意識、経済の比重をそこに向けすぎている。

また、テレビや雑誌で話題になるたび、その健康法をコロコロと変える人もいる。

腹八分目とか、適度な運動をといった確かなことならまだしも、やたら怪しいサプリや加工食品を食べたりする。体にいいとなれば、急にその食品がマイブームになり、量も考えず、偏《かたよ》った食事をしたり……。

もちろん、その成果として、自他共に認めるつやつやの肌、エネルギッシュな体、病気をすることがなくなったとか、顕著な効果があればいい。健康のことを切々《せつせつ》と語ってくれる当の本人が、意外と肝臓が悪そうな雰囲気だったり、元気やオーラ、華などを微塵《みじん》も感じさせないことも多く、こっちのほうがよほど健康的だったりすることもある。

健康診断の結果をみると、健康に無頓着で楽しそうな人のほうが、数値もよかったりする。

頭で考えるより、体のことは体に聞いてみたほうがいいのかも。

健康法も度を越したり神経質になると、
体や精神にいいことばかりではない。
楽しく充実した仕事や生活してるほうが元気な人が多い。

40 生活のリズムがずれている人

明け方まで作業をして昼過ぎに起きる生活をしていると、肉体的・精神的にけだるく、不健康。少しずつ墜落していく。

天才的な研究員やクリエイターなどにはよくあることで、ビジネス的には問題ない。

しかし、一般的な生活をしていて、時にはしかたがないことはあっても、あまりにも世間のリズムとずれた生活スタイルを維持していると、仕事や社会的な交流はもとより、健康も害してくる。

最近はコンビニ・深夜番組・ネットなどのおかげで24時間生活が成り立ち、深夜でも楽しいので困ることはないけれども、太陽や月と生理現象の関係などでもわかるように、明け方まで作業をして、昼過ぎに起きあがるような生活をしていると、肉体的・精神的にけだるく、また、つきあう仲間の仕事内容とか社会的なつながりも不健康になって、少しずつ墜落していくことが多い。

また、お酒のあるなしにかかわらず、夜の打ち合わせで決めたことが実現する可能性は、なぜか低い。

夜、遊んだり食事したりすると、日中よりもお金もかかる。終電を逃して深夜に及ぶと、タクシー代などもバカにならない。

朝昼の打ち合わせは現実的なビジネスだが、夜になると夢や希望的観測が入って、絵に描いた餅《もち》や狂言になってくる。

仲間と楽しむにはいいが、夜書いたラブレターを朝読むととても渡せないように、夜の力でいくぶん過激になっているのだ。

また精神的にも、日照時間と躁鬱《そううつ》の関係もあるように、暗いなかでの生活では暗い精神状態に陥る可能性もある。

なるべく太陽が出ると起きあがって仕事するようにするほうが心身ともに元気になる。

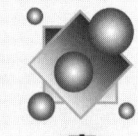

意識しすぎ、量の過不足が不健康の原因

健康のことばかり意識しすぎる人には、病気や不調の話題も多い気がする。やたら病気や不調を意識しすぎると、その病気にかかりやすくなるようだ。

肥満、メタボリックシンドロームは、食べ〝すぎ〟、運動〝不足〟が原因。逆に食べずに動きまくっても、最後はエネルギー不足でへたれてくる。

百薬の長も飲みすぎれば肝臓を壊すし、睡眠不足でも寝すぎでも呆けそう。要は、多すぎて健康を壊すか、少なすぎて健康を壊すかだ。中庸《ちゅうよう》、ちょうどいい分量や行為にすればいい。

また、自然はよくできたもので、その地域の、旬のものを食べれば健康になるようにできているという。

冬の野菜は食べると体が温まり、夏の野菜は食べると体を冷やしてくれる。夏野菜をビニールハウスで育てて、わざわざ冬に食べたりするから季節はずれの化学反応をもたらすのだ。

また、体が欲しているものを無視するのもよくないが、そのまま欲望に身を任せても、何でもすぐに手に入る、自然界のルールを無視した便利な社会では、さんざんな結果が待ち受けている。

ダイエットすれば頭がボーっとするし、頭が鮮明になるまで食べれば肉は付くし……。

せめてストレスからのドカ食いや自棄《やけ》酒を避けるために、ストレスがない生活を目指そう。

ストレスや気にしすぎは、バランスを壊す元凶。
過不足なく中庸を旨として、
自然な健康的生活を送ろう。

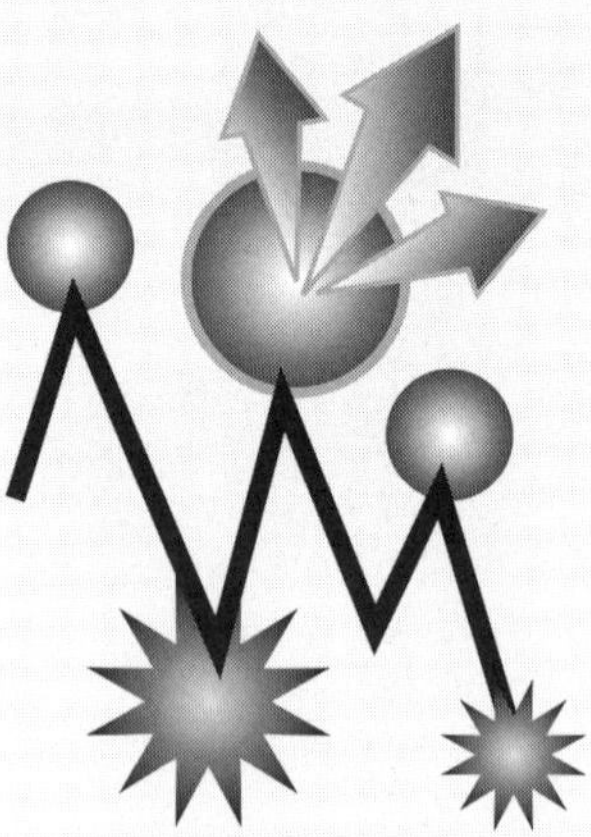

愛

愛がなければ、
成長や楽しみ、人づきあい、守るものさえ焦点がボケる。
それ以前に、生きる意味とエネルギーが見出せない。

41 感謝しない人

「ありがとうございました」のたった一言がなかったり、ねぎらいの言葉ひとつなかったりすることで、会社でも、家族でさえも、人間関係が壊れていく。


感謝しない、また感謝しても態度に表さない。

たったこれだけのことで、愛想を尽かされて人間関係が壊れていく。

やたら見返りを求めてくる下劣な人も多いが、よほどの聖人君子でない限り、感謝しない人には、何かためになることをしてあげる気がなくなって、最後は誰からも相手にされなくなってしまう。
ちょっとした感謝、またきちんとその気持ちを表すことを、忘れないように努力しよう。

とりあえず「ありがとう」と言う習慣をつけよう。

42 誰も愛さない人

愛がなければ
自滅以前に空虚。

話をすれば、政治が汚い、会社の上司が無能だ、同僚に腹が立つ、あいつがダメ、こいつが悪い……自分以外の人は全部悪いと言う人がいる。

蔭では、こうして私も悪く言われているはずだと感じてしまう。

愛のない人は、自分も愛されることなく、人間関係や仕事でも決して親身《しんみ》になったり、打ち解けたりすることがない。

頑張って稼いだお金で何かプレゼントしたり、プロジェクトを成し遂げてみんなで喜びを分かちあったりすることがないから、自滅以前に、何をしたから成功ということさえない、空虚な一生になる。

究極は、自分の子供やかわいい動物をみても愛情を感じない状況になる。ここまでくると、悲しいことだが、すべてが信じがたい。

難しいことを言わなくても、
愛や感謝の気持ちだけで人生が変わる。

おわりに

うまくいきそうな予感は当たったり外れたりしますが、嫌な予感はほぼ的中するのではないでしょうか？

動物は、生き抜くために、悪い予感を優先し、危険を察知する能力が発達しているのだそうです。

いい予感が当たっても外れても死ぬことはありませんが、悪い予感が当たったり外れたりすることは死活問題です。

会社も個人も、成功するかどうかは予想が難しいのですが、このまま行くと経営がやばいとか、この人は失敗するという予想はよく当たります。

また、経験を積んでいくと、そのパターンや法則が何度も検証されていきます。

本書であげたパターンや法則は、当たり前といえば当たり前のことが多いのですが、そういえば自分もこの法則にあてはまるなあ、と思いあたる節があるもので、外から考察すれば当たり前でも、なかでプレイしていると自覚のないことが多いのです。

一度自分で自覚して直してみてください。

?????　何をしたいかなかなかみつからなくても、したくないことはすぐわかります。したくないことを捨てていくと、したいことが徐々に浮き彫りになってきます。

改善すれば、楽しい人生が待っているような気がします。

〈著者略歴〉
樽井　良和（たるい　よしかず）
1967年8月8日生
前衆議院議員・起業家・プロデューサー
大学在学中にゲーム・プロモーションビデオ・食品会社など起業経営する傍らで、政治の世界に飛び込む。任期中、格闘技振興議員連盟、ゲーム・キャラクター・デジタルコンテンツ振興議員連盟の発起人事務局長、ＩＴ化、情報の危機管理などに取り組む。
現在、上記の活動にあわせ多数の会社役員、顧問、アドバイザーを兼務、プロデューサー、執筆、講演など幅広く活動。

それさえしなければ成功するのに……
失敗する人の法則

2008年2月12日　第1版第1刷発行

著　者　樽井良和
発行者　江口克彦
発行所　ＰＨＰ研究所
東京本部　〒102-8331 千代田区三番町3番地10
ビジネス出版部　☎03-3239-6257（編集）
普及一部　☎03-3239-6233（販売）
京都本部　〒601-8411 京都市南区西九条北ノ内町11
PHP INTERFACE　http://www.php.co.jp/
印刷所　凸版印刷株式会社
製本所　東京美術紙工事業協同組合

ISBN978-4-569-69708-6